範唱
＋
カラピアノ
CD付き

西澤健治 コーラス・セレクション

Let's Go! TAMAGO!!

大森祥子●作詞　西澤健治●作曲

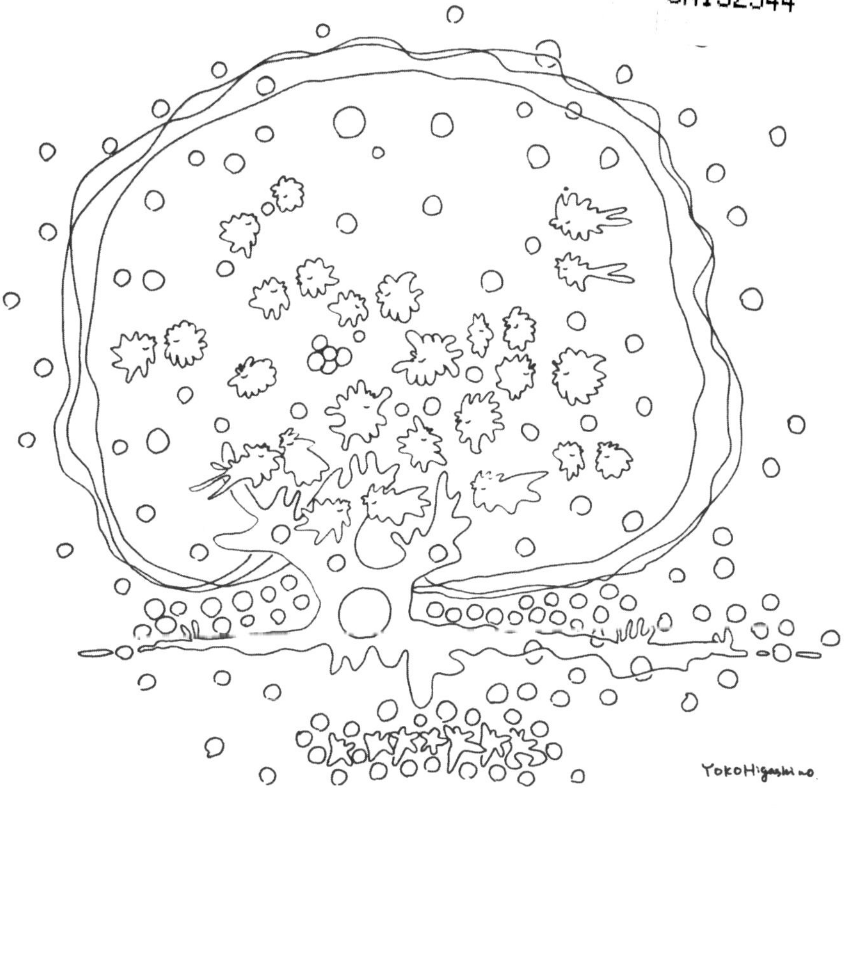

音楽之友社
ONGAKU NO TOMO EDITION

いつも心に音楽を♪

今回のコーラス・セレクションは、作詞家の大森祥子さんとのコラボ作品です。

子どもたちの日常生活におけるさまざまな出来事に焦点をあて、“いつでもふと、口ずさみたくなるような歌”をモットーに作曲した、9曲の二部合唱曲集です。「覚えやすく自然なメロディー」、「心に残るキャッチーなサビ」になるように心がけ、心情の変化を美しいハーモニーで表現しました。曲のタイトルも『Let's Go! TAMAGO!!』、『わたしニンジン』、『まっさらなパレット』など、どんな曲だろう？ と、心がワクワクすることでしょう！ 楽譜や解説のページに、写真が掲載してあります。これは、それぞれの作品のイメージに合わせて、私自身が撮影したものです。音楽とともにお楽しみください。

うれしいことを共感したり、ちょっぴり悲しいことがあったときに助け合ったり、楽曲を通じて心と心のコミュニケーションをとることができたらステキですね！ また、なかなか言葉にできないことを歌声で素直に伝える、そんな優しい気持ちになれたらとてもうれしいですね☆

2016年7月　横浜にて

作曲家・ピアニスト　西澤健治

17
mp
きみもぼくもーそう
なにかの
おそろい
TA - MA - GO
lu lu lu lu lu lu
21
mf
ころぶたびーカラがわれーあたらしいじぶんほらうまれる
ぶつかるとーカラがわれーはじめてのきもちほらあふれる
ころぶたびーカラがわれーあたらしいじぶんほらうまれる
ぶつかるとーカラがわれーはじめてのきもちほらあふれる
25
B
きのうよりもー
あすはもーっとー
3
きのうよりも
あすはもーっと
B

29
ほんのすこしー せがたかーくなったなー
うんとうんとー ともだちーふえたなー
ほんのすこし せがたかーくなったなー
うんとうんと ともだちーふえたなー
33
C
poco a poco cresc.
ら うれしい!! そらはまだー
ら うれしい!! なぞはまだー
poco a poco cresc.
ら うれしい!! そらはまだー
ら うれしい!! なぞはまだー
C
poco a poco cresc.
37
とおいけどー おおきくなれるー
おおいからー こたえをさがすー
とおいけどー おおきくなれるー
おおいからー こたえをさがすー

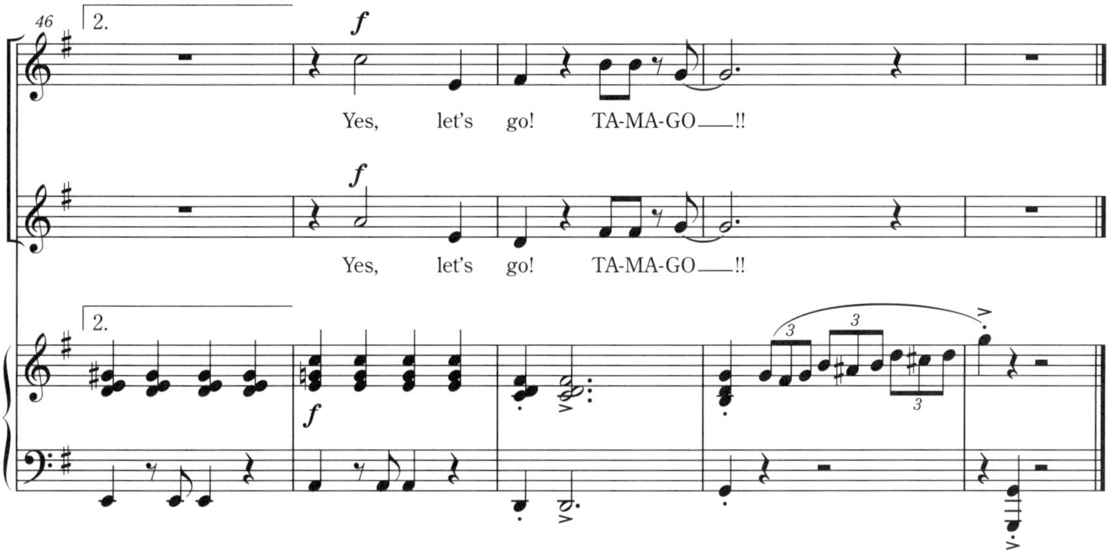

Let's Go! TAMAGO!!

大森祥子

カラをやぶって　「Go!」　どこまでもゆこう
あいずはいつも　「Go!」　うなずき合って

きみもぼくも　そう、何かの TAMAGO
転ぶたび　カラが割れ　新しい自分　ほら生まれる

昨日《きのう》よりも　ほんの少し
背が高くなったなら…嬉《うれ》しい!!
空はまだ遠いけど　大きくなれる　未知数 TAMAGO

カラをやぶって　「Go!」　近づいてみよう
目と目が合えば　「Go!」　勇気を出して

きみもぼくも　そう、おそろい TAMAGO
ぶつかると　カラが割れ　初めての気持ち　ほら溢《あふ》れる

明日《あす》はもっと　うんとうんと
友達ふえたなら…嬉しい!!
謎はまだ多いから　答えを探す　好奇心 TAMAGO

Yes, let's go! TAMAGO!!

大好きって気持ち

（二部合唱）

大森祥子　作詞
西澤健治　作曲

16
C
f
に かわ る せ い?ー ちがう しってるー ちゃんと しってるー
を あり が と うー そうさ しってるー ほんと しってるー
これが
20
unis.
だい すきって いう き もちー
たのしい あ そびー うれしい はっ けんー あすも
ひとり じゃ ないー こころ つ よくー あすも
24
1.
2.
mp
mf
いっ しょに さがそう ー な ー と
いっ しょに すごそう
D
28
div.
ぼ
も だち はーまぶしいー き ぼう のひかーり みたいー

く　もじょう ずに　き みーをー
32
(V)
cresc.
f
ぼくもじょうずにきみーをーてらせて　たらいいなー　ー ぽっと
cresc.
f
E
36
むねがー　あたたまるよー　これが だい　すきっていう　き もちー　たのしい
E
40
unis.
※小音符を加えてもよい。
あ そびー　うれしいはっけんー　あすも　いっ　しょにさがそう　ー
mf
44
rit.
rit.
dim.
mp

大好きって気持ち

大森祥子

夕暮れに響く「じゃあね」「またね」 約束の言葉
言うたびに 少し淋しくなる なぜ振り向いてみる
金色の夕空が 闇夜に変わるせい…?

違う、知ってる ちゃんと知ってる
これが〝大好き〟っていう気持ち
楽しい遊び 嬉《うれ》しい発見 明日《あす》も一緒に探そう

涙が出る時 ささえるように 肩に置かれた手
それだけで とても励まされる がんばれる気がする

見えないつばさを 勇気をありがとう

そうさ、知ってる ほんと知ってる
これが〝大好き〟っていう気持ち
ひとりじゃない こころつよく 明日も一緒に過ごそう

友達は 眩《まぶ》しい希望の光みたい
僕もじょうずに君を照らせてたらいいな

ぽっと胸が あたたまるよ
これが〝大好き〟っていう気持ち
楽しい遊び 嬉しい発見 明日も一緒に探そう

ともだち鏡

（二部合唱）

大森祥子　作詞
西澤健治　作曲

♩=112ぐらい　Swing

17
かえす　えが　おまでー　なんだかー
かえす　でも　ほんとはー　なかよくー
mf
トゥル　トゥル　えが　おまでー　なんだかー
でも　ほんとはー　なかよくー
21
C
うつっちゃうねー　めとめ　あわせ　てとて
いつもしたいー　ほほば　あわせ　こきゅう
うつっちゃうねー　めとめ　あわせ
いつもしたいー　ほほば　あわせ
C
25
あわせ　どこまでもー　ゆこうー　たのしくね!
あわせ
てとて　あわせ　どこまでもー　ゆこうー　たのしくね!
こきゅう　あわせ

30
1.
1.
33
「す き」と
2.
2.
D
36
おもいはあわせか がみー
せかいのみえかた はこ こ ろもち
mp
ル ル ルル
ル ル ルル
D
40
し だいー きみにー おそ わーった
mf
ラララ きみにー おそ わーった

ともだち鏡

大森祥子

「好き」と言えば「好き」と返す
ともだちは不思議　鏡みたい
「うん」と言えば「うん」と返す
笑顔まで　なんだか　うつっちゃうね
目と目合わせ　手と手合わせ　どこまでもゆこう
楽しくね！

「好き」と言えば「好き」と返す
ともだちはやっぱり　鏡みたい
「いや」と言えば「いや」と返す
でもほんとは　なかよく　いつもしたい
歩はば合わせ　呼吸合わせ　どこまでもゆこう
楽しくね！

想《おも》いは合わせ鏡　世界の見え方は心持ちしだい
きみに教わった
「好き」とほほえみかける　それだけで心ウキウキ
いっしょなら　ゆける　どこまでも!!

わたしニンジン

（二部合唱）

大森祥子　作詞
西澤健治　作曲

B
13
mp
わ た しニンジ ン
つん て にがくて も ービタミ
か む ほどあま い ーだいち
mp
わたしニン ジン
にがくても
ほどあまい
B
mp
17
ン ーパワー や ーどす
の ーパワー は ーこぶ
mf
プ レ ゼンター ー
メ ッ センジャー ー
ラララ ラン ラララ
mf
プ レ ゼンター ー
メ ッ センジャー ー
mf
C
21
お さ らのー
ま んなかー ねえ
す みっこー のこ
お さ らのー
ま んなかー ねえ
す みっこー のこ
C

25
きこえる?
さないで
さぁ さぁ スプーン で すくって ー たべた
f
3
きこえる?
さないで
さぁ さぁ スプーン で すくって ー たべた
D
29
もの で きみ は きっとできて る ー
すいた
しょげた
もの で きみ は きっとできて る ー
すいた
しょげた
D
33
おなか のなか わたしはたびする ー
こころ にさえ わたしはとけてく
おなか のなか わたしはたびする ー
こころ にさえ わたしはとけてく
1.

37
mf
mp
mf
mp
41
2.
ー あすもげんき に きみが
ー あすもげんき に きみが
2.
44
そうわらえますように!! ー
そうわらえますように!! ー
mf
mp

わたしニンジン

大森祥子

皮をむかれ　まな板で
切られ　なべに入れられて
ゆらり　ゆらり　泳いでる
今日の海は　ビーフシチュー

わたしニンジン　つんて苦くても
ビタミンパワー宿す　プレゼンター

お皿のまんなか　ねえ聞こえる？
さぁさぁ　スプーンですくって

食べたもので　きみは　きっとできてる
すいたお腹の中　わたしは旅する

晴れた朝も　雨の夜《よ》も
土の毛布　くるまって
ぐんと　ぐんと　育ったよ
今日のテーブル　飾るため

わたしニンジン　かむほど甘い
大地のパワー運ぶ　メッセンジャー

お皿のすみっこ　残さないで
さぁさぁ　スプーンですくって

食べたもので　きみは　きっとできてる
しょげた心にさえ　わたしは溶けてく

明日《あす》も元気に　きみが　そう、笑えますように…‼

小さな冒険者たち

大森祥子

想像好きは作家　お菓子好きはパティシエ
マラソン好きはトップランナー　歌好きはアイドル
いろんな好きがある　いろんな夢がある
夢中になること　君は何…？

僕たちは　自由にね、夢を生きる冒険者さ
それぞれが　〝ギフト〟という得意なもの　持って生まれた
難しくない　好きな道を　ただ歩めばいい

実験好きは学者　おしゃれ好きはデザイナー
車好きはトップレーサー　世話好きは看護士
憧れ止められない　眩《まぶ》しい夢がある
内緒にしないで　教えてよ…！

僕たちは　果敢《かかん》にね、夢に向かう挑戦者さ
それぞれが一所懸命　心おどること打ち込めば
きっと世界は　もっと笑顔、幸せ溢《あふ》れる

僕たちは　自由にね、夢を生きる冒険者さ
それぞれが　みんな違う得意なもの　授かってきた
難しくない　好きな道を　ただ歩めばいい
好きなことを　そう!!　きわめればいい

小さな冒険者たち

（二部合唱）

大森祥子　作詞
西澤健治　作曲

9
ソン ずき は トップ ラ ン ナ ー ー う た ず き は ー ア イ ド ル ー
ま ず き は トップ レ ー サ ー ー せ わ ず き は ー か ん ご し ー
ソン ずき は トップ ラ ン ナ ー ー う た ず き は ー ア イ ド ル ー
ま ず き は トップ レ ー サ ー ー せ わ ず き は ー か ん ご し ー
B
13
い ろ ん な す き が あ る ー い ろ ん な ゆ め が あ る ー
あ こ が れ と め ら れ な ーい ま ぶ し い ゆ め が あ る ー
lu lu lu lu lu— lu lu lu lu lu—
B
17
cresc.
む ちゅう ー に な る こ と ー き み は な に ー
な いしょー に し な い で ー お し え て よ ー
cresc.
む ちゅう ー に な る こ と ー き み は な に ー
な いしょー に し な い で ー お し え て よ ー
cresc.

C
21
mf
(𝄋)ぼ く た ち はー じ ゆ う に ねー ゆ め を い き るー ぼ う け んしゃさー
ぼ く た ち はー か か ん に ねー ゆ め に む か うー ちょう せ んしゃさー
mf
(𝄋)ぼ く た ち はー じ ゆ う に ねー ゆ め を い き るー ぼ う け んしゃさー
ぼ く た ち はー か か ん に ねー ゆ め に む か うー ちょう せ んしゃさー
C
mf
25
cresc.
※２番は小音符
そ れ ぞ れ がー ギ フ ト と いうー と く い な も のー もって う ま れ たー
そ れ ぞ れ がー いっしょ け ん めいー こ こ ろ お ど るー こ と う ち こ め ばー
(𝄋)そ れ ぞ れ がー み ん な ち が う ー と く い な も のー さ ず かっ て き たー
cresc.
そ れ ぞ れ がー ギ フ ト と いうー と く い な も のー もって う ま れ たー ー
そ れ ぞ れ がー いっしょ け ん めいー こ こ ろ お ど るー こ と う ち こ め ばー ー
(𝄋)そ れ ぞ れ がー み ん な ち が う ー と く い な も のー さ ず かっ て き たー ー
cresc.
D
29
f
mf
to Φ
(𝄋)む ず か し く ないー す き な み ち を た だ あ ゆ め ば い い
き ーっ と せ か いはー も ーっと え が お し あ わ せ あ ふ れ る
f
mf
(𝄋)む ず か し く ないー す き な み ち を た だ あ ゆ め ば い い
き ーっ と せ か いはー も ーっと え が お し あ わ せ あ ふ れ る
D
to Φ
f
mf

33
1.
2.
mp
ー
じ ーっ
ー
D.S.
Coda
36
す きなことを そ うきわめれ ばい い
そ うきわめれ ばい い
mf
40
rit.
p

One Family

（二部合唱）

大森祥子　作詞
西澤健治　作曲

19
unis.
い る はず の ちょ う れ い も な ぜ は
い よ う す の て ん こ う せい ふ あ ん
23
div.
じ め て の れ つ に い る き ぶん
げ な か お わ ら って ほ し い な
27
せ が の び ー た こ と か
きゅう しょく の ー にん き メ ニュー
グ ン グ ン グ ン グ ン
ウ キ ウ キ ウ キ ウ キ
31
ひ や け し ー た こ の せい
ひ ろ び ろ ー た いい く かん
ラ ラ ラン へ ん か
ラ ラ ラン す て き

35
をはっけん だいニュース
なこうかも おしえたくて おしゃべ
39
り ああはやくしたーい
B
43
mp
いってきたとこ みてきたもの
おうちはどこ あだなはなに
mf ぜん
えん
47
ぶ
りょ
cresc.
f
ぜんぶねえきかーせてよー まるでク
えんりょせずはなーしてねー きっと
sfz

C
51
ーラスはひとつの かぞくさー がっこうはおおきな かぞくさー
C
55
だって さいかい うれしすぎる ぼくがス
だって であいも うれしすぎる なかまが
59
ーコールにうたれ たことやー カーブトムシをそだ てたことー
ーひとりふえるそ れだけでー たーのしさひゃくばい にもなるー
63
1.
こんなに つたえたいー
ふしぎ でもほんと
1.

67
2.
D
mp
ー ー クラスメイトは かぞくさー
71
mf
かわりなんてい ないのさー だいじ ぜったい ほんとー
76
f
きょうも よろしくねー
80
sfz

One Family

大森祥子

ワクワク新学期　交わし合う「おはよう」
慣れているはずの朝礼も
なぜ　初めての列にいる気分

背が伸びた子とか　日焼けした子のせい…⁉
変化を発見　大ニュース
おしゃべり　ああ、早くしたい！

行って来たとこ　見て来たもの　全部　ねえ聞かせてよ

まるでクラスはひとつの家族さ　学校は大きな家族さ
だって再会　嬉《うれ》しすぎる
僕がスコールに打たれたことや
カブトムシを育てたこと…こんなに伝えたい

ドキドキ新学期　先生のとなり
慣れない様子の転校生
不安げな顔　笑って欲しいな

給食の人気メニュー　ひろびろ体育館
素敵な校歌も教えたくて
おしゃべり　ああ、早くしたい！

お家はどこ？　あだ名は何⁇　遠慮せず話してね

きっとクラスはひとつの家族さ　学校は大きな家族さ
だって出会いも嬉しすぎる
仲間が一人増える　それだけで
楽しさ百倍にもなる　不思議　でもほんと‼

クラスメイトは家族さ　代わりなんていないのさ
大事　絶対ほんと‼
今日もよろしくね

きみがいる教室

大森祥子

いつもより真剣に　先生の声　耳を傾けてる
うんとそう真剣に　ノートを取ってる　きみに教えるため

右どなり　空いた席　今日で三日目
帰りがけ　プリントを届けに　お家寄ろう

会いたいな　会いたいな　風邪《かぜ》はねえ、どんな感じ？
さびしいよ　さびしいよ　きみのいない教室
不思議だね　不思議だね　離れても一緒みたい
だってこんな　こんな　こんな…‼　きみのこと考える
友達だから　大好きだから　早くまた遊びたい

いつもなら短くて足りない　お昼休み時間が長い
うんとそう　めいっぱい走れるわけは　一人じゃないからだね

右どなり　そっぽ向いて　見ない日もある
衝突のきっかけは　ほんの小さなこと

泣かせたり　泣いちゃったり　でもすぐに仲直り
たのしいよ　たのしいよ　きみがいる教室
不思議だね　不思議だね　離れても一緒みたい
だってこんな　こんな　こんな…‼　きみのこと考える
けんかをしても　大好きだから　早くまた遊びたい
明日《あした》きっと遊ぼうね

きみがいる教室

（二部合唱）

大森祥子　作詞
西澤健治　作曲

B
13
mp
みぎどなりー
あいたせきー
そっぽむいてー
きょうでみーっかめ ー かえ
みないひも ある ー しょう
mp
みぎどなり
あいたせき
そっぽむいて
lu lu lu lu lu lu lu
かえ
しょう
B
mp
17
poco a poco cresc.
りが けー プリントをー とどけに おうち よーろう
とつ のー きっかけはー ほんの ちいさなーこと
mf
あーいたいな
なーかせたり
poco a poco cresc.
りが けー プリントをー とどけに おうち よーろう
とつ のー きっかけはー ほんの ちいさなーこと
C
21
ー あーいたいなー かーぜはねえ ー どんなかんじ ー さーびしいよ
ー なーいちゃったり ー でーもすぐに ー なかなおり たーのしいよ
mp
mf
lu lu lu lu lu lu
さーびしいよ
たーのしいよ
C
mf

ー　さーびしいよ　ー　きーみのいないー
ー　たーのしいよ　ー　きーみがいる　ー
きょうしつー　ふーしぎだね
ー　さーびしいよ　ー　きーみのいないー
ー　たーのしいよ　ー　きーみがいる　ー
きょうしつー
ー　ふーしぎだね　ー　はーなれても　ー　いっしょみたい　ー　だーってこんな
lu　lu　lu　lu　lu　lu　だーってこんな
ー　こーんなこんな　ー　きーみのこと　ー　かんがえる　ー
とも
けん
ー　こーんなこんな　ー　きーみのこと　ー　かんがえる　ー
とも
けん

37
1.
だちだからー
かをしてもー
だい すきだからー
は やくまたあそびたい ー
だちだからー
かをしてもー
だい すきだからー
は やくまたあそびたい ー
1.
f
41
2.
rit.
mf
(mp)
a tempo
ー
あ したきっと あそぼうね ー
mf
ー
あ したきっと あそぼうね ー
a tempo
2.
rit.
mf
mp
45
poco rit.
meno mosso
poco rit.
meno mosso
mp

まっさらなパレット

（二部合唱）

大森祥子　作詞
西澤健治　作曲

11
A
mf
はじめててをつ ないだー
さくらのじゅうたん ー
あさにゆうにはしったー
こうていはみてた ー
A
15
なつくさの もーゆるみどりやー
しん くのこうよう ー
いくせんかい なーいてわらったー
ぼ くをわたしを ー
19
div.
きせつのパレーットにはー
おもいでいーっぱい ー
うすずみいろの ふゆがー
あけかけたあのひ ー
ぶつかーったけど ー
ふせたひとみも ー
23
ときにはそう すーれちがーったりー
ぶつかーったけど ー ーー
さよならの かーげがさびしくー
ふせたひとみも ー ーー

B
27
I
mp
※２回目は小音符
いつのひもー　ともにいたー　だ　からひかって　ー　みえるー　す
いつのひもー　そばにいたー　こ　とにただあ　り　がとうー　そ
II
mp
lu lu　lu lu　lu lu lu lu
す
そ
B
mp
31
cresc.
mf
ぎさっ　たー　じ　かん　がー　えいえ　ーん　にもなる　ー
ろい　のー　アルバムー　たから　ー　ものだね　ー
cresc.
mf
ぎさっ　たー　じ　かん　がー　えいえ　ーん　にもなる　ー
ろい　のー　アルバムー　たから　ー　ものだね　ー
mp cresc.
mf
35
f
C
mf
グッ　バーイ　グッ　バーイ　きょう　は　そ　つぎょう　ー　でもね
きょう　を　そ　つぎょう　ー　ゆうき
f
mf
グッバーイ　グッ　バイ　きょう　は　そ　つぎょう　ー　でもね
きょう　を　そ　つぎょう　ー　ゆうき
C
f

40
ゆ う じょ う ー に そ つ ぎょ う ー な ん て な い よ ね? ー じ ぶ
の ふ で で ー え が い て く ー あ た ら し い ひ び ー や す
ゆ う じょ う ー に そ つ ぎょ う ー な ん て な い よ ね? ー
の ふ で で ー え が い て く ー あ た ら し い ひ び ー
44
ん い ろ を さ が す は じ ま り ー ま っ さ
み じ か ん う ち あ け あ ー っ た ー ゆ め か
じ ぶ ん い ろ を さ が す は じ ま り ー ま っ さ
や す み じ か ん う ち あ け あ ー っ た ー ゆ め か
48
1.
ら な パ レ ー ッ ト こ こ ろ に ー だ い て た び だ と う ー
な え る と ー や く そ く を ー し て た び だ と う
ら な パ レ ー ッ ト こ こ ろ に ー だ い て た び だ と う ー
な え る と ー や く そ く を ー し て た び だ と う

52
mf
55
2.
D
ー じぶん いろを さがす はじまり
ー じぶん いろを さがす はじまり
59
ー まっさらなパレーット こころにー だいて たびだとう
ー まっさらなパレーット こころにー だいて たびだとう

まっさらなパレット

大森祥子

僕らの未来　どんな色だろう…

初めて手をつないだ　桜色《さくら》のじゅうたん
夏草の萌ゆる緑や　深紅《しんく》の紅葉
季節のパレットには　想い出いっぱい
時にはそう　すれ違ったり　ぶつかったけど

いつの日も　ともにいた　だから光って見える
過ぎ去った時間が　永遠にもなる

グッバイ　グッバイ　今日は卒業
でもね　友情に卒業なんてないよね？
自分色を探す始まり
まっさらなパレット　心に抱いて旅立とう

朝に夕に走った　校庭は見てた
幾千回　泣いて笑った　僕を、私を
薄墨色《うすずみいろ》の冬が　明けかけたあの日
さよならの影が淋しく　伏せた瞳も

いつの日も　そばにいたことに　ただありがとう
そろいのアルバム　宝物だね

グッバイ　グッバイ　〝今日〟を卒業
勇気の筆で描いてく　新しい日々
休み時間　打ち明け合った
夢かなえると約束をして　旅立とう

自分色を探す始まり
まっさらなパレット　心に抱いて旅立とう

僕たちよ、風になれ

（二部合唱）

大森祥子　作詞
西澤健治　作曲

17
て 「はるか なたび い ーっしょに」 そ う い ざ ー な うよう
り 「とまら ないで す す ん で」 そ う は げ ー ま すよう
21
mf
B
に しらな い くにのかず を かぞえてあ あ ためいきが
に できな い ことのかず を かぞえても し なみだこぼ
mp
に lu lu lu lu lu lu lu lu lu lu lu lu
に
B
mf
25
でても いまこ こ からふみだ す いーっぽ が し ん せか
れても うつむ か ずにふみだ す いーっぽ が き ん みら
mf
lu lu lu lu lu lu lu lu lu lu lu いーっぽ が し ん せか
いーっぽ が き ん みら

29
C
いい ー
いい ー
ほくよかぜ になれ
いい ー
いい ー
かぜになれ
C
33
ひかりおいこして あこがれまつ そらへと た
ゆめをだきしめて むねのあつさ たよりに つ
おいこしてあこがれまつ そらへと た
だきしめてむねのあつさ たよりに つ
37
1.
かく まーいあがれ
よく しーなやか
かく まーいあがれ
よく しーなやか
1.
mp

41
2.
に
に
2.
mp
D
45
mp
ラ ラ ラ ル ラ
トゥル ル リ ラ
mp
ラ ラ ラ ル ラ
トゥル ル リ ラ
D
49
mf
う た に き ぼう
の せ な が ら
mf
う た に き ぼう
の せ な が ら
mf

僕たちよ、風になれ

大森祥子

風は吹いている　僕を追い越して
どこから来て　どこ行く　何も告げることもなく
風は吹いている　僕の背を押して
「遙《はる》かな旅　一緒に」　そう誘《いざな》うように

知らない国の数を数えて　ああ　ため息が出ても
今ここから踏み出す一歩が　〝新世界〟

僕よ、風になれ　ひかり追い越して
憧れ待つ空へと　高く舞い上がれ

風は吹いている　僕を抱きしめて
一度きりの出逢《あ》いも　踊り楽しむみたいに
風は吹いている　僕の髪くぐり
「止まらないで　進んで」　そう励ますように

できないことの数を数えて　もし　涙こぼれても
うつむかずに踏み出す一歩が　〝近未来〟

僕よ、風になれ　夢を抱きしめて
胸の熱さ頼りに　強くしなやかに

ラララルラ　トゥルルリラ　歌に希望乗せながら
ラララルラ　トゥルルリラ　僕たちよ、風になれ…

Kenji Nishizawa

作曲者からのメッセージ
西澤健治

●演奏のポイント
長岡利香子

Let's Go! TAMAGO!!

言葉の表記はなかなか奥深く、でも自由に操ることができたらとても楽しく、世界観が広がります。この『Let's Go! TAMAGO!!』の“TAMAGO”は「卵」でも「たまご」でも「タマゴ」でもなく“TAMAGO”なのです。もしかしたらこれは誰もがもっているすてきな宝物かもしれませんよ！

全体にシャッフルして、ウキウキ、ワクワクしながら楽しく演奏しましょう！「何かのTAMAGO」「未知数TAMAGO」「おそろいTAMAGO」「好奇心TAMAGO」といろいろな“TAMAGO”が登場します。それぞれどんな“TAMAGO”かなあ？　とクラスのみなさんで話し合うのもいいですね！

ピアノの奏法でも後述するBの部分ですが、27小節、29小節の2分音符（1コーラス目「きのうよりも」の「き」、「ほんのすこし」の「ほ」）は、言葉をグーッと溜めるように、たっぷりと音を延ばしてください。歌のメロディーがピアノの左手の動きにつられて、気分がワクワクしてくると思います。

ピアノの奏法ですが、Aの左手に書いてあるスタッカートは短すぎないように。また、曲全体に共通していえることですが、右手の4分音符によるコードのバッキングは、スタッカートが書かれていませんが、ビート感を出すために、テヌート・スタッカートのような感じで弾くとよいと思います。

Bの6小節間は、ウォーキング・ベースと呼ばれる部分です（実際にはウッド・ベースが演奏）。左手は4分音符をただ刻むだけではなく、メロディーを奏でるように、少し躍動して演奏しましょう！　スウィング感が出て、いつの間にか歩き出したくなるような気分になりますよ。ここでは特に左手のベースラインを大切にしてください！

この曲に振り付けをして演奏するのもよいかもしれません。みなさんで素敵な“TAMAGO”を育ててください。

●演奏のポイント

曲と詞が本当にぴったりしていて気持ちがいい。このことは歌った子どもたちの表情で納得です。シャッフルして歌うことも楽しいし、子どもたちが覚えやすい旋律だということも、楽しく歌うための大きな要素であると思います。難しくないのに大きな満足感を得られるのは、まさに西澤マジックというところでしょう。

イントロでシャッフルに乗れれば、後は難しいことはありません。気をつけたいのは、10小節・11小節の休符です。「ここはお休みしないよ」と子どもたちに伝えればよいでしょう。17小節からのアルトは、できるだけやわらかく、ピアノを聴きながら歌うようにアドバイスしましょう。28小節の「きのうよりも」の「も」は乱暴にならないように、また、ソプラノは遅れて入ってくるアルトに耳を傾けて歌うと、パートのバランスがとれた演奏になるでしょう。33小節の「うれしい」は休符で気持ちも声も溜めて歌うとワクワク感がさらに増して楽しいですよ。

35小節から、長い*poco a poco cresc.*ですので、39小節の「おおきく」では***mf***くらいに思って歌うと次の***f***が自然な感じで歌えると思います。

41小節のソプラノの跳躍音（下行）は、最初に音取りをするときに、丁寧に何回か繰り返して、正しい音で歌うように印象づけておくと、よい演奏につながると思います。

大好きって気持ち

日が昇り、一日が始まる。そしてやがて日が沈んで一日が終わる。朝は「今日はどんなことがあるのかなあ！」とワクワクしていたのに、夕暮れ時になるとちょっぴりさびしくなるのはどうしてなんだろう？と子ども心に感じたことがあります。

この曲、『大好きって気持ち』のピアノ伴奏で使われているコード進行は、微妙に変化していく心の色を表現しています。

[A]は情景（心情）を思い浮かべながら緩やかな流れで演奏してください。[B]は、[C]のサビに向かって“心の扉を開く”4小節です。徐々に上昇していくメロディーライン、そしてそれをサポートするコード進行を十分に感じることが非常に重要です。[C]は少し勇気を出して本当の自分の気持ちを表現するように歌うとよいでしょう。[D]は「友だちの大切さ」を考えながら演奏する部分です。そして[E]は最後のサビの部分で、明日への希望を胸に明るい気持ちで歌いましょう。

「大好き」って、とても明るく、心がはじける言葉です。声に出して言うのは恥ずかしいけれど、思い切って「大好き」と叫んでみたくなることってありませんか？　大人になっても素直に「大好き」って言える友だちがいたらいいですね！

●演奏のポイント

心あたたまるやさしい詞で、何の無理もなく、本当に自然に口ずさめる曲。ノリノリの今風な音楽もいいけれど、感受性の豊かな頃にぜひ、このような心からやさしくなれる曲と出合ってほしいな、と思う一曲です。

まずイントロがやさしく流れるように響きます。歌は、それに導かれるように始まりますが、歌いはじめは、ピアノの音を感じながらゆったりと、「じゃあね」「またね」などの言葉を大切に歌いましょう。9小節の下行する跳躍音を正しい音程で歌ってください。

[B]からは、少し音楽を前進させるように[C]へと向かっていきましょう。「ちがう」という部分は、とても印象的なフレーズですので、ピアノの動きを感じながら、音程にも注意して歌いましょう。20小節の「だーいすき」の歌い方によって印象が変わってきます。どんなふうに歌いたいか、子どもたちといろいろ考えてみると、自分たちの音楽ができあがると思います。

[D]からは、音楽の変化を感じて、ピアノの動きに沿って、あわてずに言葉一つひとつをかみしめるように歌います。34小節からは *cresc.* しながら、35小節の ***f*** に向かっていきます。アルトは、ピアノと合わせるように歌うと、乱暴にならずに歌えるでしょう。「ぽっと」の歌い方が「ぽーと」にならないように気をつけて。

この曲のもつ、やさしさと明日への希望を感じながら歌えたら素晴らしいですね。

ともだち鏡

日常会話の中で、何げなく使っている言葉「ともだち」。でも、「ともだち」ってどういう意味？って聞かれたら、簡単に答えることはできませんね！　検索してみると、「いっしょに遊んだりしゃべったりする親しいひと」などと書かれています。でも、それだけじゃなくて、心と心のふれあいなど、心情的な要素があるのですね！

この曲は、swingしてウキウキ演奏しましょう。ソプラノとアルトの二部合唱なので、上下のパート分けが必要です。楽しく言葉のキャッチボールができるように、かけ合いの部分を多くしました。ですから、パートを限定せず、ソプラノ、アルトのパートを入れ替え、両パートを歌えると楽しさがどんどん広がると思います。楽譜の歌詞に「すき」、「うん」などにカッコが書いてあります。そこは、特に表現を工夫して歌ってほしいからです。

この曲を演奏して、ともだちの大切さを体感していただけたら幸いです。いつの時代でも、ともだちは「心の宝物」ですね！　大人になっても……。

●演奏のポイント

子どもたちが喜んですぐにのってくる楽しい曲です。軽いスウィングがとてもおしゃれです。歌い出しは軽く、初めの「すき」とその後の「すき」は、イメージを変えて歌ってみてください。いきなり楽しさが倍増します。12小節のリズムがずれないように。8分休符の感じ方が大事です。13小節の「かがみみたーい」をそろえて切り、その後の14小節のピアノを聴くことでアンサンブルの楽しさが少しわかってくるでしょう。

B からはアルトの「トゥル」が重くならないように。21小節の「うーつーっちゃうね」は、みんなで聴き合って言葉をそろえましょう。C からのかけ合いは軽く、26 〜 29小節は音楽がどんどん膨らんでいくように歌いましょう。D からは、ソプラノはリズムを感じて、アルトはやわらかい流れを感じて、しかもお互いがどんなメロディーを歌っているのかを、聴き合いながら歌うことによって、ハーモニーがぐっとよくなることは間違いありません。42小節は言葉を立てるように。44小節から最後に向かって、リズムが甘くならないように、ウキウキ感を十分に感じて「どこまでも」までを楽しく歌えるといいですね。

わたしニンジン

『わたしニンジン』という曲のタイトルから、どんな曲をイメージするでしょうか？

jazzyなイントロではじまり、曲全体は軽めで明るいタッチのswingですが、実はちょっぴり“食育”も意識した作品なのです。大切な食事に対して関心や興味をもち、健康な食生活を送るための知識などを学ぶきっかけになれば、という願いが込められています。

音楽には演奏することによりハッピーになったり、聴くことにより励まされたり、言葉だけでは説明することのできない不思議なパワーがあると思います。また、こうして楽曲との出合いが、何か新しい発見や学習につながることは非常に素晴らしいことではないかと感じています。

たしか、毎年6月は「食育月間」で、毎月19日は「食育の日」ですね！

毎日旅をしながら、「私たちに明日へのパワーを与えてくれるニンジン」に感謝！　感謝!!　明日はどこに旅をしているのかな～？　「もしもわたしがニンジンだったら」と想像力を膨らませてクラスで話し合うのもよいかと思います。

●演奏のポイント

私の嫌いなニンジンが、こんなにおしゃれな曲にヘンシーン！　子どもの頃にこの曲と出合っていたら……なんて想像したくなるような、ワクワクさせてくれる曲です。ちょっといいことがあった日には、自然と口ずさんでいる。そんな曲との出合いは本当にうれしいものです。心弾むメロディーに楽しい詞、子どもたちが喜ぶこと間違いなしです。

そういう曲だからこそ、指導者は焦らずに、まずしっかり音取りをしてからピアノと合わせることをおすすめします。なぜなら、歌い出しの5 〜 12小節は、ピアノの動きが穏やかなぶん、自力で歩みを進めるイメージで歌うことが大切だからです。9小節の詞「ゆらりゆらり」「ぐんとぐんと」など、2度繰り返す言葉はニュアンスを変えて歌うと、言葉の深みが増してきます。

B からは、ソプラノとアルトのかけ合いのようですが、乱暴にならないように、お互いによく聴き合って歌いましょう。さらに13 〜 16小節、17 〜 20小節、21 〜 28小節のピアノの変化にも耳を傾けられると、歌の表現もぐっと変化して味わい深くなることでしょう。また、「プレゼンター」や「メッセンジャー」などの言葉は、はっきりと歌うことを心がけると、聴き手に伝わりやすくなりますね。32小節のアルトはf→eの音を丁寧に、さらに休符の後、ソプラノと合わせるようにブレスを工夫しましょう。33 〜 34小節は「おなか　のなか」にならないように「おなかの　なか」と聞こえるように歌うには、「おなかのな」にテヌートを付けるような気持ちで歌うとよいでしょう。

この曲が、どこかの教室から聞こえてきたら、まわりの人がみんなちょっとほんわかするでしょうね。

小さな冒険者たち

小学校の卒業文集に「将来の夢」というコーナーがあり、自分たちの夢を真剣に書いていたことを思い出します。以前、小学校の同窓会で多くの友だちに再会し、みんなドンピシャの職業についていることはなかったけれど、やっぱりなあ！と感じるほど、それぞれの性格や得意分野が生かされた職業についていたことが何だかうれしかったです。クラスで将来の夢を語るのはちょっぴり恥ずかしいけれど、この曲を通じて自然とみんなで夢について話し合うきっかけになれば幸いです。

[A]にはいろいろな夢が描かれています。もし自分だったらこうかな？　などと想像しながら歌うのも楽しいでしょう。[B]は少しやさしい気持ちで。[C]からのサビは元気いっぱいに開放的な気持ちで明るく演奏してください。[D]の31小節からの「すきなみちをただあゆめばいい」(2番、Codaも同様に) は、この曲の中で特に大切なフレーズです。思いを込めて表現しましょう。

大人になっても子どもたちに負けないくらい、夢に向かって何かに挑戦できたら素晴らしいことだと思います。

●演奏のポイント

この曲に出合えたおかげで、普段はひたすら練習ばかりの忙しさの中で、思いがけず子どもたちの将来の夢が聞けて大変うれしかったのと、それを話すことによってお互いの距離感がぐっと近くなったように感じられたことは、この曲から小さなプレゼントをもらったような気持ちです。

詞に登場するさまざまな職業をイメージしながら (例えば、アイドルのかわいらしさやトップレーサーはスピード感をもって歌うなど)、それぞれ声の色合いを変えられたら、さらに曲の楽しさが得られるでしょう。[A]はユニゾンで始まりますので、合唱に慣れていない子どもたちでも無理なく演奏できます。[B]の部分は、アルトはソプラノに寄り添うような気持ちでやわらかく丁寧に。ソプラノはアルトを聴きながら歌うとバランスのよい演奏になるでしょう。また、この部分に何回も出てくる8分休符の歌い方が大事です。お休みの印ではなく、そこで気持ちを溜めるように、大切にしましょう。

[C]はありったけの思いをこめて前進するように歌います。ただ、16分音符と4分音符のタイになっている部分が乱暴にならないように、つまり語尾をやわらかく歌うように気をつけましょう。29～30小節は、各声部の音をよく聴き合ってしっかりハモらせましょう。そうすることで美しい合唱がつくられると同時に、心を込めてしっとりと歌う最後のフレーズが引き立って、みんなの心に沁み渡る感動的な演奏になることでしょう。

One Family

一日の生活の中で、学校で過ごす時間は、子どもたちにとって、とても大切なことだと思います。友だちと喜び合ったり助け合ったり、喧嘩したり仲直りしたり、さまざまなドラマが繰り広げられる場所です。詞にもあるように、仲間が集まる「クラスはひとつの家族」で、「学校は大きな家族」でもあるのではないでしょうか！

[A]のかけ合い部分 (11～14小節／27～30小節) ですが、ソプラノのメロディーの心情をアルトパートが表現するように演奏しましょう！　アルトは多少音符から離れても構いませんので、「歌う」というより「語る」感じでワクワク感やドキドキ感etc...が出せるといいですね。

[C]からの8ビートですが、テヌート・アクセントを意識して躍動的に演奏してください。[D]の69～72小節は少し冷静に言葉をかみしめるように表現する

とよいでしょう！　73小節からは一気に明るいエンディングに向かって心から気持ちを伝えましょう。

日常何げなく過ごしている学校生活ですが、この曲を演奏すると、もっと新しい発見があるかもしれません。みなさんのクラスは「どんな家族」でしょう？　世界にたった一つの“One Family”を大切にしてくださいね！

●演奏のポイント

子どもたちにとって、等身大の曲を歌うことほど気持ちのよいことはないでしょう。すんなりと自然に自分の歌になっていく喜びは、時間をかけて難曲をつくり上げた感動と少しも変わらない、とても大切なことだと心から感じることのできる曲です。やさしいのに不思議と耳に残るメロディーと、心の中が見えてくるような、メロディーにぴったりの詞。ぜひ子どもたちに歌ってほしい一曲です。

イントロの10小節でこの曲の世界観を十分につかめると、歌い出しはすんなりといきます。アルトはソプラノが歌っている2小節間、一緒にワクワクしていると、音楽がぐっと一体感をもつようになります。ところどころに出てくる休符は、言葉の流れが途切れないように気をつけて歌いましょう。40小節の「たーい」の歌い方、「い」に力が入りすぎないように、あくまでもやわらかい「い」にしましょう。

Bからは、曲の雰囲気が変わります。***mp***は「丁寧に歌う」と思ってください。50小節1拍目のピアノで気持ちを一つにして、「まるで」のユニゾンを歌いましょう。そうすることによって、Cからの躍動感がさらに増してくると思います。ピアノをよく聴きながら、あくまでも言葉の流れを大切に。Dの***mp***は、とても大切なことを話すように、自分自身に向かって言い聞かせるように丁寧に歌いましょう。

音楽会などで、クラス全員で歌ったら、きっと大切な思い出の曲になるでしょう。

きみがいる教室

子どもたちの学校生活における、日常の一コマを描写した作品です。「困ったときは助け合いましょう！」と言葉で指導することももちろん大切なことと思いますが、しかし、自らが体験し、友だちを通じて、友情の大切さ、そしてやさしさや思いやりのある人間に少しずつ成長していくことが、素晴らしいことではないでしょうか！

Aのメロディーの前半（5～6小節／9～10小節）は、16分音符の細かいリズムではじまり、後半（7～8小節／11～12小節）は前半とは対比的に少しゆったりとしたリズムになっているのが特徴です。16分音符はあわてないで「いつもより しんけんに」「うんとそう しんけんに」の3拍分を一つのフレーズとして捉え歌うとよいでしょう！　特徴的なリズムの伴奏とのバランスを大切に。Bからは緩やかな4ビートの伴奏にのって、「歌う」というより「語り合う」ような気持ちで演奏してください。Cのサビは一音一音を大切にして、素直に気持ちを相手に伝えましょう！　ここから8ビートになりますが、ピアノ伴奏の左手ベースラインの半音進行（f→e→es→d）（g→fis→f～）を丁寧に演奏してください。また、29小節からのアルトのオブリガートはピアノの音色と融合して美しいハーモニーを奏でてください。37小節からは最終的なサビになりますが、勇気を出して本当の気持ちを伝えるように歌うとよいと思います。

音楽祭や合唱コンクールなどで子どもたちの演奏を聴く機会がありますが、それぞれのクラスの学校生活の様子が思い浮かぶことがあります。きっと一人ひとりの個性が集まって「クラスのキャラクター」が生まれるのでしょうね☆

●演奏のポイント

子どもたちの日常は、きっとこういうことの繰り返しで気づかないうちに少しずつ友だちとの距離が狭まっていき、やがて親友と呼べる仲になるんだろうな……と心がほんわかする曲です。

楽譜だけを見ると、16分音符がたくさん並んでいて大丈夫かな？　と思うかもしれませんが、実は、これがこの曲の大きな魅力です。やさしい気持ちになれるイントロに続いて、「いつもより　しんけんに」と16分音符ではじまります。この部分を、*mf* だからと、勢い込んで歌い出すと、音楽がゴツゴツした感じになってしまいますので、できるだけ軽く、大きなまとまりとして捉えるように歌うとよいでしょう。9小節の「うんとそう　しんけんに」も同じことがいえます。B からは、さびしさを表現したいので、ピアノの右手をよく聴きながらかみしめるようなイメージで。アルトは乱暴にならないようにソプラノをよく聴きながら歌ってください。15小節の、e→dの跳躍音は、丁寧に歌ってください。そのためには、高いほうのdの音をイメージしながらお腹を使うときれいに歌えると思います。20小節の「あいたいな」の「あ」は、ピアノと気持ちを合わせて、少しはっきり歌うつもりぐらいが丁度よいかもしれません。この部分は、*mf* となっていますが、あまりそれにとらわれ過ぎないように、感傷的な思いを大事に歌ってください。24・25小節には、同じ言葉が繰り返して出てきますが、1回目と2回目にニュアンスの差が出せると素晴らしい表現になると思います。32・33・34小節に出てくる8分休符は、次の言葉を歌うために大変重要です。意識して「溜め」をつくるように歌ってください。

最後、41小節の *rit.* のタイミングは、演奏の良し悪しを決めるほど重要です。アルトのメロディーを響かせるような気持ちで歌いおさめてください。子どもたちの満足げな顔が見られること間違いなしですよ。

まっさらなパレット

楽曲にはさまざまなタイトルがついています。『まっさらなパレット』というタイトルからどんな曲をイメージしますか？　学校現場で下記のようなステップで音楽を楽しみながら学習するのはいかがでしょう！　まず、指導者が①〜③の順序でピアノを使って弾きます。このとき、子どもたちは楽譜を見ないで“聴くこと”に集中しましょう！

① イントロのみを弾く（歌の部分は除く）
② A からメロディーのみを弾く
③ 右手はメロディー、左手は簡単にコードを弾く

子どもたちは①〜③までを聴きながら少しずつイメージを膨らませていきます。そして次に詞の付いた楽譜を見ます。曲がつくられる行程や、「このメロディーにこういう言葉が付いてフレーズになるんだ」など、新しい発見もあるかもしれません。知らず知らずのうちに楽曲分析をし、合唱曲を楽しみながら“学ぶ”ことになるでしょう。作者の意図を考えながら歌うことも学習上とても大切なことかと思います。

自分だけにしかない心の中の“まっさらなパレット”に、好きな色を置き、新たな目標に向かって人生を描いていけたら素敵なことですね！

●演奏のポイント

卒業のときの少しセンチメンタルな思いと、旅立つ勇気をとても素敵でおしゃれなメロディーに乗せた素晴らしい合唱曲です。決して難しくはないけれど、演奏する人も聴く人もともに納得のいく表現ができる曲です。

まず、イントロのピアノに心寄せて音楽に入り込みましょう。5小節からの歌い出しは、歌うというより語るような気持ちで。言葉を言いすぎないほうがよいでしょう。A からは、16分音符の歌い方に注意して、乱暴になったり逆に弱々しくなって音程が下がったりするのもよくありません。19小節からは二部合唱ですから、お互いのパートをよく聴き合って、美しいハーモニーをつくりましょう。また、ここから少しずつ心が動き出したことを感じて。B からは、ソプラノがやさしさをもってアルトの音を引き出すような気持ちで歌うと美しい響きになるでしょう。

C からは、たっぷりと響きのある声で、遠くに広がるようなイメージで歌いましょう。「グッバイ」のか

け合いの後、「きょう」をそろえるように気をつけて。38小節の「そつぎょう」という言葉の間に休符（𝄾）が入っていますが、これは言葉を切らないように意識して歌います。その後も何か所か言葉の間に休符が入っていますが、同じように言葉の流れを切らないように歌ってください。

47小節の「まっさら」の「っ」を大切に歌うことで、この曲がさらに印象深いものになってくると思います。決して、「まーさら」にはならないように気をつけてください。Dからは、さらに明るくしっかりと確信をもって歌い上げましょう。

僕たちよ、風になれ

季節は風が運んでくるのかな？ と不思議に思ったのは多分、小学生の頃だったように記憶しています。やがて成長するにつれて、私自身が風に対する気持ちを、より一層意識するようになりました。風にはいろいろな深い思いが込められているのです。

Aの「　」部分、「はるかなたび　いっしょに」「とまらないで　すすんで」は特にコトバを大切に歌ってください。Bのアルト、lu は主旋律をサポートする「風のやさしさ」をイメージしています。Dのラララルラ、トゥルルリラは「風の対話」を表現しています。風には姿、カタチはなくコトバを発することもありませんが、もしここに風のささやいているコトバを入れるとしたら？ とみなさんで考えてみるのも楽しいのではないでしょうか。

具体的に表現することは難しいですが、風がそっと私に何かを教えてくれたことがたくさんあります。明日もきっと「新しい風」が吹き、僕たちをやさしく包んでくれることでしょう。希望を胸に、未来に向かうみなさんのことを見守るように……。

●演奏のポイント

この曲を、まるで風がそっと吹いているかのように歌うには、まずイントロをよく聴いてイメージをつくり上げることが大切です。レガートの感じをつかんでから「かぜはふいている」をやわらかく歌ってみましょう。「かぜは」の部分がどうしてもぽつぽつした感じになりやすいので、言葉の流れを考えるとよいでしょう。12小節もリズムを立てすぎないように、ピアノの動きに沿って歌う気持ちで。17小節の「遙かな旅 一緒に」「止まらないで 進んで」はとても大切な言葉です。何度も詞を読みながら、どう歌えば自分の言葉になるかを考えてみましょう。

Bからは、ソプラノとアルトの動きを互いに感じて、さらにはピアノの音と動きを、そしてバランスを聴き合って歌うと、感動的な音楽づくりができます。間奏の後、2番に入る前は早めに歌う準備をしておきましょう。あわてて歌い出すと、せっかくやわらかく歌ったのが台無しになってしまいます。

Dからは風がやさしく吹いてきます。風の流れが止まらないように、ピアノのレガートを感じて歌うとよいでしょう。「ラララルラ」と「トゥルルリラ」を対話のように歌うためには、ソプラノとアルトの質感を意識してみるのもよいかもしれません。最後の「かぜになれ」はたっぷりと響きのある声で歌ってください。

西澤健治（にしざわ・けんじ）

作曲家・ピアニスト。東京都出身。東京音楽大学付属高等学校ピアノ科卒業。武蔵野音楽大学ピアノ科卒業。同大学院作曲科修了。5歳の頃よりピアノを習い始め、やがて創作することに目覚める。小椋 佳プロデュースのミュージカル『子猿物語』『夢にくちづけ』の音楽を担当（作曲・編曲・演奏）するなど、創作ジャンルはクラシックからポップスまで幅広い。1997年、『朝の光がまぶしい時は』で第9回「ふるさと」音楽賞創作童謡コンクールにてグランプリを受賞。2005年、"写真と音楽のコラボレーションによる"歌とピアノの小品集『風と恋人』で第35回日本童謡賞「新人賞」を受賞。作品には『ハロー・シャイニング ブルー』『生命(いのち)が羽ばたくとき』など、小・中学校の音楽教科書に掲載されている曲も多い。また、校歌の作曲も数多く手がけている。日本作曲家協議会、日本童謡協会、日本音楽著作権協会、各会員。

大森祥子（おおもり・しょうこ）

作詞家。東洋英和女学院大学卒。高校在学時、レコードメーカーに送った詞が制作ディレクターの目に留まり、1990年春、越智静香デビューシングル『ONE MILEの片想い』で作詞家デビュー。以来J-POP、テレビアニメーション主題歌、映画主題歌、子ども向け教育番組用楽曲等、発表作品は多岐に渡る。オリコン年間作詞家ランキング2009年第7位、2010年第2位。

●作品提供アーティスト：瀬戸朝香、杉山清貴、パクヨンハ、植村花菜、斉藤由貴、新妻聖子、小倉 唯等他多数 ●提供アニメ・番組等：ABC系アニメ『おジャ魔女どれみ』OPおよびED曲／ABC系アニメ『Go! プリンセスプリキュア』OP曲／TBS系アニメ『けいおん！』『けいおん!!』OPおよびED曲／NHK『おかあさんといっしょ』月歌コーナー曲／NHK『どちゃもん じゅにあ』OP曲等他多数

西《にし》澤《ざわ》健《けん》治《じ》コーラス・セレクション
Let's Go! TAMAGO!! 範唱《はんしょう》＋カラピアノCD付《つ》き

2016年8月31日 第1刷発行

作詞者 大《おお》森《もり》祥《しょう》子《こ》
作曲者 西《にし》澤《ざわ》健《けん》治《じ》
発行者 堀内久美雄
東京都新宿区神楽坂6の30
発行所 株式会社 音楽之友社
電話 03(3235)2111(代) 〒162-8716
振替 00170-4-196250
http://www.ongakunotomo.co.jp/

875450

落丁本・乱丁本はお取替いたします。
Printed in Japan.

表紙・本文（まえがき・目次）デザイン：古村耀子
表紙イラスト：ひがしのようこ
本文写真：西澤健治
楽譜浄書：㈱ホッタガクフ
印刷：㈱平河工業社
製本：㈱誠幸堂

西澤健治 コーラス・セレクション

範唱
+
カラピアノ
CD付き

Let’s Go! TAMAGO!!

大森祥子●作詞　西澤健治●作曲

［ＣＤ収録曲］

①⓾　Let’s Go! TAMAGO!!　2′55″

②⓫　大好きって気持ち　3′21″

③⓬　ともだち鏡　2′32″

④⓭　わたしニンジン　3′04″

⑤⓮　小さな冒険者たち　4′18″

⑥⓯　One Family　4′12″

⑦⓰　きみがいる教室　4′17″

⑧⓱　まっさらなパレット　5′24″

⑨⓲　僕たちよ、風になれ　4′43″

範唱：①～⑨

カラピアノ：⓾～⓲

演奏
八千代少年少女合唱団
指揮＝長岡利香子
ピアノ＝岩井まりこ（②③）、鈴木綾子（①④～⑨）
⓾⓯～⓲：鈴木綾子（使用楽器：YAMAHA CFX Concert Grand Piano）
⓫～⓮：西澤健治（使用楽器：Bösendorfer Model 290 Imperial）

制作――㈱音楽之友社
ＣＤ制作――(有)スズキ．アーツプラン
ＣＤ録音――(株)フリーマーケット

KJCD-0111

JASRAC
R-1670431TR